Hedda Zeeb

Amboß-Funken

Die Moral von der Geschicht'

Die heitersten Fabeln

Herausgegeben von Charlotte Knöpfli-Widmer
Mit Federzeichnungen von Jutta Hoffmann

Amboß-Verlag St. Gallen

Printed in Switzerland

Nr. 10 der Amboß-Reihe

Die heitersten Fabeln

von
Busch
Langbein
Hupfauf
Fröhlich
Aesop
Lessing
La Fontaine
u. a.

Der Weg empor

Adler:
«Wie find' ich dich, du träges Tier,
auf diesem Eichenwipfel hier?
Wie kamst du her? – So rede doch!»
Schnecke:
«Je nun, ich kroch.»
Sein hohes Ehrenamt gewann
nicht anders mancher Schneckenmann.

August Friedrich Langbein

Berg und Tal

Till Eulenspiegel zog einmal
mit andern über Berg und Tal.
Sooft als die zu einem Berge kamen,
ging Till an seinem Wanderstab den Berg
ganz sacht und ganz betrübt hinab;
allein, wenn sie berganwärts stiegen,
war Eulenspiegel voll Vergnügen.
«Warum», fing einer an,
«gehst du bergan so froh?
Bergunter so betrübt?»
«Ich bin», sprach Till, «nun so:
wenn ich den Berg hinuntergehe,
so denk ich Narr schon an die Höhe,
die folgen wird, und da vergeht mir
denn der Scherz; allein, wenn ich
berganwärts gehe, so denk ich an
das Tal, das folgt, und faß ein Herz.»
Willst du dich in dem Glück
nicht ausgelassen freun,
im Unglück nicht unmäßig kränken:
so lern, so klug wie Eulenspiegel sein,
im Unglück gern an Glück,
im Glück ans Unglück denken.

Gellert

Ärgerlich

Aus der Mühle schaut der Müller,
der so gerne mahlen will.
Stiller wird der Wind und stiller,
und die Mühle stehet still.
«So geht's immer, wie ich finde»,
rief der Müller voller Zorn.
«Hat man Korn, so fehlt's am Winde,
hat man Wind, so fehlt's am Korn.»

Wilhelm Busch

Der Wolf und der Storch

Einem Wolfe blieb ein Bein
beim Fraß im Halse stecken,
das Ding ging weder raus noch rein,
und Wölfchen war in Schrecken.
Da kam zum Glück ein Storch vorbei
und sah das unglückselig Tier.
Der Wolf winkt zitternd ohne Schrei:
du lieber Storch, hilf schnellstens mir.
Der Wolf riß auf den tiefen Schlund,
und mit den langen Schnabelzangen
erfaßt der Storch im Hintergrund
das Bein, das blieb im Halse hangen.
Darauf erbat er seinen Lohn
für diese große Helferstat.
«Was», sagt' der Wolf und lacht' mit Hohn:
«verschwinde gleich, das ist mein Rat!
Ist das nicht schon genug,
daß ich in meinem Schlund
dich nicht betrug
und dich herausließ kerngesund?»

La Fontaine
(neu bearbeitet L. Rouge)

Untreue schlägt den eigenen Herrn

Ratlos steht die Maus am Teich
sie will ans andre Land sogleich.
Doch ist dies nicht so leicht getan,
wenn eine Maus nicht schwimmen kann.
Ein Frosch zum Schalk will Helfer sein
und sagt: «Wir binden Bein an Bein
und schwimmen so zum Ufer hin,
ich kann dich ohne Mühe ziehn.»
Aber auf dem Wasser dann,
fängt der Frosch zu kämpfen an:
beinah ertrinkt das arme Tier,
der Frosch ist voller Spott und Gier.
Und wie die Maus sich wehrt und müht,
ein Bussard dieses Spiel erspäht;
er fliegt herunter, packt die Maus,
zieht somit auch den Frosch heraus.
Er frißt zu seiner großen Freude
in einer Mahlzeit alle beide.

Martin Luther nach Aesop
(neu bearbeitet L. Rouge)

Neidlose Freundschaft

Eine gesellige Nachtigall
fand unter den Sängern des Waldes
Neider die Menge,
aber keinen Freund.
Vielleicht finde ich
unter einer andern Gattung ihn,
dachte sie und floh vertraulich
zu dem Pfau herab.
«Schöner Pfau! ich bewundere dich.» –
«Ich dich ebenso, liebliche Nachtigall!»
«So laß uns Freunde sein»,
sprach die Nachtigall weiter;
«wir werden uns nicht beneiden dürfen;
du bist dem Auge so angenehm
als ich dem Ohre.»
Nachtigall und Pfau wurden Freunde.

Lessing

Der Esel in Begleitung

Als der Esel mit dem Löwen des Aesop
nach dem Walde ging,
begegnete ihm ein andrer Esel
von seiner Bekanntschaft und rief ihm zu:
«Guten Tag, mein Bruder!» –
«Unverschämter!» war die Antwort. –
«Und warum das?» fuhr jener Esel fort.
«Bist du deswegen,
weil du mit einem Löwen gehst,
besser als ich?
Mehr als ein Esel?»

Lessing

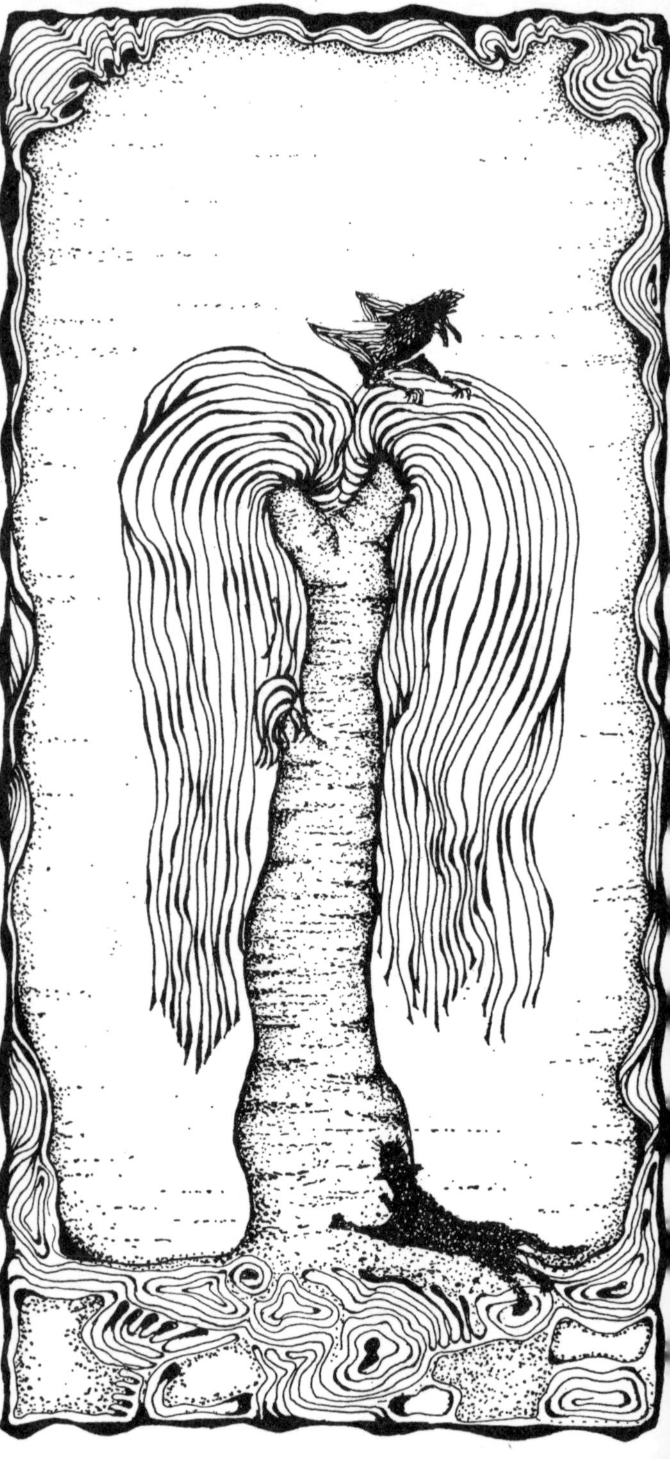

Der Vogel hat Humor

Es sitzt ein Vogel auf dem Leim,
er flattert sehr und kann nicht heim.
Ein schwarzer Kater schleicht herzu,
die Krallen scharf, die Augen gluh.
Am Baum hinauf und immer höher
kommt er dem armen Vogel näher.
Der Vogel denkt: Weil das so ist
und weil mich doch der Kater frißt,
so will ich keine Zeit verlieren,
will noch ein wenig quinquillieren
und lustig pfeifen wie zuvor.
Der Vogel, scheint mir, hat Humor.

Wilhelm Busch

Einzig in seiner Art

Nach vielen Jahrhunderten gefiel
es dem Phönix, sich wieder einmal
sehen zu lassen. Er erschien,
und alle Tiere und Vögel versammelten
sich um ihn. Sie gafften, sie staunten,
sie bewunderten und brachen in
entzückendes Lob aus.
Bald aber wandten die besten
und geselligsten mitleidsvoll ihre Blicke
und seufzten: «Der unglückliche Phönix!
Ihm ward das harte Los, weder Geliebte
noch Freunde zu haben; denn er ist
der einzige seiner Art.»

Lessing

Zweierlei Gesang

Es gibt der Esel, welche wollen,
daß Nachtigallen hin und her
des Müllers Säcke tragen sollen.
Ob recht, fällt mir zu sagen schwer.
Das weiß ich: Nachtigallen wollen
nicht, daß die Esel singen sollen.

Bürger

Zwei Gänse

Zur weißen Gans sprach einst
vertraulich eine graue:
«Laß uns spazieren gehn nach jener
grünen Aue, dort tun wir beide uns
im jungen Grase gütlich, denn in
Gesellschaft gackt es sich doch
zu gemütlich.»
«Nein», sprach die weiße Gans,
«da muß ich refüsieren, mit meinesgleichen
nur geh' ich am Tag spazieren;
Vertraulichkeit mit dir gereichte mir
zur Schande, zwar bin ich eine Gans,
doch eine Gans von Stande.»

Sturm

Die Stachelschweine

Eine Gesellschaft Stachelschweine
drängte sich an einem kalten Wintertage
recht nahe zusammen, um sich durch
die gegenseitige Wärme vor dem
Erfrieren zu schützen. Jedoch empfanden
sie die gegenseitigen Stacheln; welches
sie dann wieder voneinander entfernte.
Wann nun das Bedürfnis der Erwärmung
sie wieder näher zusammenbrachte,
wiederholte sich jenes zweite Übel,
so daß sie zwischen beiden Leiden
hin- und hergeworfen wurden. Bis sie
eine mäßige Entfernung voneinander
herausgefunden hatten, in der sie es am
besten aushalten konnten.
Und diese Entfernung nannten sie
Höflichkeit und feine Sitte.

Arthur Schopenhauer

Schweinepech

An der Straße steht ein Schwein,
Tränen auf den Wangen.
Ein Esel kommt und sieht die Pein:
«Wie hat das angefangen?»
Das Schwein mit trübem Grunzen klagt:
«Beleidigt werd' ich täglich;
der Mensch stets meinen Namen sagt,
wenn's schmutzig ist und kläglich,
ob Dreck, ob Trug ist einerlei,
der Mensch nennt alles ‹Schweinerei›!»
Mitfühlend sinnt der Eselskopf
und denkt doch nichts dabei,
er sagt zur Sau: «Du armer Tropf,
das ist 'ne Schweinerei!»

L. Rouge
(nach einer russischen Fabel)

Der Hirsch, der Hase und der Esel

Ein Hirsch mit prächtigem Geweih,
von achtzehn Enden ging spazieren,
ein Hase lief vorbei,
sah ihn und stutzte.
Starr auf allen vieren
steht er und gafft ihn an,
macht Männchen, geht heran
und sagt:
Sieh mich doch an!
ich bin ein kleiner Hirsch;
denn spitz ich meine Ohren,
so hab ich solch Geweih wie du!
Ein Esel hörte zu
und sagte: Du hast recht,
wir sind von einerlei Geschlecht,
der Hirsch und ich und du.
Der Hirsch tat einen Seitenblick
und ging in dicken Wald zurück.

Gleim

Diplomatischer Rat

Ein Marder fraß die Hühner gern,
doch wußt' er nicht, wie sie erhaschen;
er fragt den Fuchs, 'nen alten Herrn,
dem Steifheit schon verbot das Naschen.
Der sagt ihm: «Freund, der Rat ist alt;
was hilft's zu zögern? Brauch Gewalt!»
Der Marder stürmt in vollem Lauf;
die Hühner aber flattern auf,
die einen gackernd, kreischend jene,
gerade in des Fuchses Zähne,
der gegenüber lauernd lag
und mühlos hielt den Erntetag.
Wenn du nach Hühnern lüstern bist,
frag keinen, der sie selbst gern frißt.

Franz Grillparzer

Knabe und Esel

«Esel, ein Rätsel rat einmal:
es ist ein Tier gar grau und fahl,
hat kurzen Verstand und Ohren lang,
schreit I-a und schleicht
mit trägem Gang.» –
«Nein, Knabe,
das ist mir zu schwer und fein;
was mag das für ein Tierchen sein?»
Da rief ihm der Knabe mit Lachen zu:
«Ei, schäme dich, Esel, das bist du!»
Er hörte es,
doch konnt er's noch nicht fassen.
Da hat ihn der Knabe im Zorn verlassen.
Warum auch hat er nicht daran gedacht?
Der Esel ist nicht zum Raten gemacht.

Wilhelm Hey

Fuchs und Bär

Kam einst ein Fuchs vom Dorfe her,
früh in der Morgenstunde
und trug ein Huhn im Munde;
und es begegnet ihm ein Bär.
«Ah guten Morgen, gnäd'ger Herr!
Ich bringe hier ein Huhn für Sie;
Ihr Gnaden promenieren ziemlich früh,
wo geht die Reise hin?» –
«Was heißest du mich ‹gnädig›, Vieh!
Wer sagt dir, daß ich's bin?» –
«Sah Dero Zahn, wenn ich es sagen darf,
und Dero Zahn ist lang und scharf!»

Matthias Claudius

Ellengröße

Die Pappel spricht zum Bäumchen:
«Was machst du dich so breit
mit den geringen Pfläumchen?»
Es sagt: «Ich bin erfreut,
daß ich nicht bloß ein Holz,
nicht eine leere Stange!» –
«Was!» ruft die Pappel stolz,
«ich bin zwar eine Stange,
doch eine lange, lange!»

Abraham Emanuel Fröhlich

Vom Fuchs und vom Hasen

Ein Fuchs, von einem Hund gejagt,
sieht jäh sich um und ruft geplagt:
«Aus welchem Grund verfolgst du mich?
Es gibt viel bessres Fleisch für dich!
Hinter der Hecke liegt ein Has,
das wär ein süßer, feiner Fraß!»
Der Hund leckt Speichel mit der Zunge
und wendet lüstern sich im Sprunge.
Der Has erschrickt ob dem Gerede
und zieht sich flugs noch aus der Fehde.
Darnach kehrt er zum Fuchse hin:
«Du hattest Schlechtes nur im Sinn!»
Reinecke Fuchs verteidigt sich:
«Sprach nur das Beste über dich,
verschwinde, undankbares Vieh,
nie mehr werd ich dich loben, nie!»

Burchard Waldis
(neu bearbeitet L. Rouge)

Das gestohlene Schwein

In einer Stadt der Umgebung Anconas
war es Sitte, daß wer im Winter
ein Schwein schlachtete,
die ganze Nachbarschaft
zum Schmaus einlud.
Einer aber, der sich davon gern drücken
wollte, fragte einen Gevatter um Rat,
wie er das wohl anstellen könne.
Der erwiderte: «Sag nur morgen,
dein Schwein ist dir in der Nacht
gestohlen worden.»
Nun stahl ihm der Gevatter, ohne daß
der andere eine Ahnung davon hatte,
in derselben Nacht das Schwein.
Wie der Bestohlene am andern Morgen
das Schwein nicht mehr fand, lief er zu
seinem Gevatter und schrie laut:
«Mein Schwein ist mir gestohlen!»
Da sagte der: «Das machst du ganz
ausgezeichnet und ganz, wie ich dir's
gesagt habe.»

Wie der Bestohlene nun wieder
und wieder die Worte wiederholte
und bei Gott schwur, es sei wahr,
sagte der Gevatter: «Bravo, du verstehst
es wirklich prächtig!»
Als der Bestohlene nun seine
Eidesbeteuerungen erneuerte,
meinte der Gevatter: «Siehst du,
so muß man es machen. Hab ich dir
nicht einen guten Rat gegeben?»
So straft sich Geiz und Lüge, und so
kommt zum Verlust auch noch der Spott.

Poggio Bracciolini

Langeweile

Guten Tag, Frau Eule!
Habt ihr Langeweile? –
Ja, eben jetzt,
solang ihr schwätzt.

Wilhelm Busch

Der Sack und die Ähren

Ein dicker Sack – den Bauer Bolte,
der ihn zur Mühle tragen wollte,
um auszuruhn, mal hingestellt
dicht an ein reifes Ährenfeld –
legt sich in würdevolle Falten
und fängt'ne Rede an zu halten.
«Ich», sprach er, «bin der volle Sack.
Ihr Ähren seid nur dünnes Pack.
Ich bin's, der hoch vonnöten ist,
daß euch das Federvieh nicht frißt;
Ich, dessen hohe Fassungskraft
euch schließlich in die Mühle schafft.
Verneigt euch tief, denn ich bin Der!
Was wäret ihr, wenn ich nicht wär?»
Sanft rauschen die Ähren: «Du wärst
ein leerer Schlauch,
wenn wir nicht wären.»

Wilhelm Busch

Der kluge Esel

«Mein Herr schindet mich
noch zu Tode!»
klagte ein Esel seinem Vetter, dem Muli.
«Jeden Tag werden die Säcke
noch größer und noch schwerer.»
«Warum wirfst du sie nicht einfach ab?»
fragte das Muli.
«Du scheinst mir wirklich ein dummer
Esel zu sein.»
«Im Gegenteil», erwiderte der Esel.
«Ich bin der Klügere –
und der gibt eben immer nach.»

Erich Hupfauf

Koexistenz

«Was bedrückt dich so?»
fragte der Wolf teilnehmend das Schaf.
«Ich habe Angst.»
«Wovor denn?»
«Vor dem Wolf.»
«Dem ist leicht abzuhelfen»,
tröstete der Wolf und entblößte
seine Eckzähne.
«Aber wie nur?» zitterte das Schaf.
«Wir schließen einen Beistandspakt:
Du gibst mir von jedem Wurf zwei
deiner Lämmer, und ich übernehme
dafür deinen Schutz.
So lebst du künftig
frei von Angst, und unser Pakt wird
beispielgebend sein für alle Schafe
der Welt.»
«Du bist wirklich gütig»,
blökte das Schaf und unterschrieb.

Erich Hupfauf

Der Geizhals und der Affe

Ein Geizhals hatte einen Affen. Ein
Geizhals sein und den sich anzuschaffen,
das klingt zwar sonderbar, doch war es
wohl bedacht; Gesellschaft kostet Geld,
und Menschen können stehlen;
der Affe trieb bloß
seine Possen bis zur Nacht;
vor ihm braucht er nichts zu verhehlen,
er konnt' im Gelde wühlen und
Dukaten zählen, der schwatzte nicht,
und kurz, er war nach seinem Sinn.
Einst rief der Glockenschlag
ihn nach der Kirche hin;
denn hier dacht' er durch Beten
und durch Singen
dem Himmel neuen Segen abzuringen.
Er ließ aus großer Eil
das Schreibpult offenstehn.
Petz, der den Haufen Geld erblickte
und den die Langeweile drückte,
sinnt sich zum Zeitvertreib
ein kleines Spielwerk aus.
Er holt ein Goldstück nach dem andern
und läßt zum Fenster frisch hinaus

die Louisdor und die Dukaten wandern.
Das war ein Lärmen um das Haus!
Wer laufen konnte, lief, und bald ward
vom Gedränge, so breit die Straße war,
der Platz doch viel zu enge.
Ein jeder schrie:
«Herr Petz, mir auch ein Stück!»
Man haschte, sprang und fiel, dem kam
es hoch zu stehen; ein Jubel war's,
dies Schauspiel anzusehen.
Indessen kam der Geizige zurück.
Er sah den Drang und rief:
«Was gibt's für Unglück hier?
Mein Geld! Mein Geld! – O weh!
Es büße mir, komm ich hinauf,
verruchter Dieb, dein Blut!»
Hier schwieg er, denn ihm schloß
die Lippen seine Wut.
«Herr», sprach ein alter Mann,
«Herr, mäßigt Eure Hitze!
Das Geld ist Euch wie ihm
und ihm wie Euch nichts nütze.
Der Affe wirft es weg, und Ihr?
Ihr scharrt es ein.
Wer mag von Euch der Klügste sein?»

Christian Felix Weisse

Ein Herr und seine Gans

Es war einmal ein Mann voll Geiz
mit einer Gans von großem Reiz:
Sie legte ihm, wie kurios!
ein golden Ei ganz riesengroß.
Das lockt den Geizhals allzusehr:
Warum bloß ein Ei und nicht mehr?
Er schlitzt den Bauch, der Bösewicht;
doch dies verzieh die Gans ihm nicht:
denn innen war, wie's halt so ist,
nicht pures Gold, nur Gänsemist.

Erasmus Alberus
(neu bearbeitet L. Rouge)

Aufklärung

Vor dem Käfig mit der
Orang-Utan Familie standen zwei Hippies.
«Was ist das?» wollte der kleine
Orang-Utan wissen.
«Vorzeiten gehörten sie auch zu den
Unsern», erklärte Vater Orang-Utan.
«Und jetzt nicht mehr?»
«Man hat versäumt,
sie einzufangen wie uns,
um die Art zu erhalten»,
bemerkte Mutter Orang-Utan.
«Und was war dann?»
bohrte das Junge weiter.
«Dann», schloß der Vater,
«sind sie eben degeneriert.»

Erich Hupfauf

Aus des Esels Perspektive

Vor einem blühenden Rosengarten stand
ein Esel und rief ärgerlich hinein:
«Oh, wie verwüstet ihr
das schöne Land;
das müßt ein Boden
für die Disteln sein!»

Sturm

Der Astrolog

Einst fiel ein Astrolog
beim Sternenschauen in ein Loch. –
«Du willst am Himmel
unser Schicksal lesen»,
rief ihm ein loser Spötter zu,
«du armer blinder Seher du!
Und merkst nicht einmal,
was hier zu deinen Füßen!»
Du, lieber Leser, wirst gestehen müssen,
dies Beispiel könne uns das lehren:
man sehe auf Gefahr,
nicht auf Chimären.

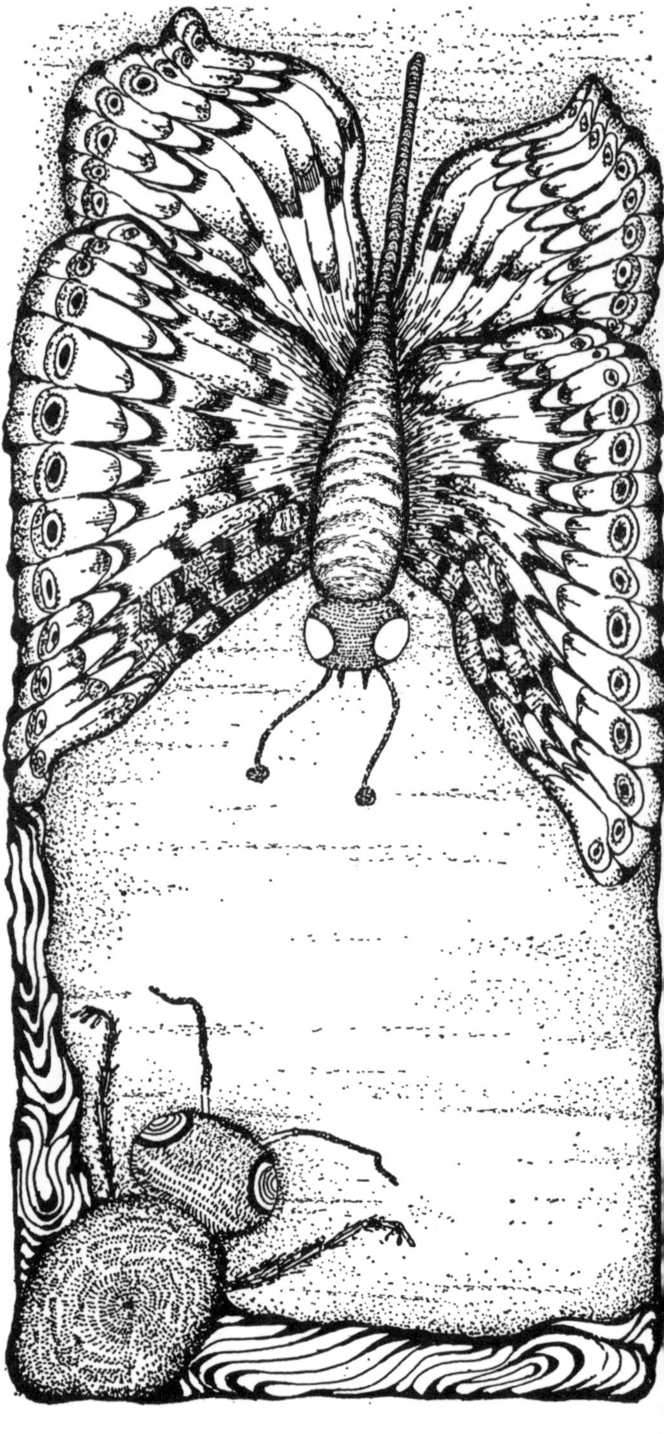

Nichts zu verlieren

Die Biene ließ den Schmetterling
einst ihre fetten Speicher sehen.
«Schön!» rief der bunte Gast,
«doch muß ich dir gestehen,
ich tausche nicht mit dir.» –
«Warum nicht, dummes Ding,
was hast denn du? Laß sehn,
wir wollen inventieren:
ich hab ein volles Haus . . .» –
« . . . und ich – nichts zu verlieren.»

Pfeffel

Angemessene Erziehung

Man fragt den Adler:
«Warum erziehst du deine Jungen
so hoch in der Luft?»
Der Adler antwortet:
«Würden sie sich, erwachsen,
so nahe zur Sonne wagen,
wenn ich sie tief in der Erde erzöge?»

Lessing

Schweinekinder

«Kinder», spricht die Mama,
«höret mir zu und folget ja.
Müßt nur recht manierlich sein,
immer euch sauber halten und rein,
nicht euch wälzen auf allen Wegen,
nicht euch in jede Pfütze legen.»
Und wie selbst es stets getan
und wie es von ihr die Kinder sah'n,
so lernten sie's auch mit Fleiß und Müh',
sie wollten nichts Besser's,
nichts Schlechter's sein:
es wurde ein jedes wieder ein Schwein.

Wilhelm Hey

Bewaffneter Friede

Ganz unverhofft an einem Hügel
sind sich begegnet Fuchs und Igel.
«Halt», rief der Fuchs, der Bösewicht,
«kennst du des Königs Order nicht?
Ist nicht der Friede längst verkündigt,
und meinst du nicht, daß jeder sündigt,
der immer noch gerüstet geht?
Im Namen seiner Majestät –
geh her und übergib dein Fell!»
Der Igel sprach: «Nur nicht so schnell!
Laß dir erst deine Zähne brechen,
dann wollen wir uns weiter sprechen.»
Und alsogleich macht er sich rund,
schließt seinen dichten Stachelbund
und trotzt getrost der ganzen Welt,
bewaffnet, doch als Friedensheld.

Wilhelm Busch

Inhaltsverzeichnis Seite

Der Weg empor (A. Friedrich Langbein) 7
Berg und Tal (Gellert) 8
Ärgerlich (Wilhelm Busch) 9
Der Wolf und der Storch (La Fontaine) 10
Untreue schlägt den eigenen Herrn
(Martin Luther nach Aesop) 11
Neidlose Freundschaft (Lessing) 12
Der Esel in Begleitung (Lessing) 13
Der Vogel hat Humor (Wilhelm Busch) 15
Einzig in seiner Art (Lessing) 16
Zweierlei Gesang (Bürger) 17
Zwei Gänse (Sturm) 18
Schweinepech (L. Rouge nach einer russischen Fabel) 20
Die Stachelschweine (Arthur Schopenhauer) 21
Der Hirsch, der Hase und der Esel (Gleim) 22
Diplomatischer Rat (Franz Grillparzer) 23
Knabe und Esel (Wilhelm Hey) 24
Fuchs und Bär (Matthias Claudius) 25
Ellengröße (A. Emanuel Fröhlich) 26
Vom Fuchs und vom Hasen
(L. Rouge nach Burchhard Waldis) 27
Das gestohlene Schwein (Poggio Bracciolini) 28/29
Langeweile (Wilhelm Busch) 31
Der Sack und die Ähren (Wilhelm Busch) 32
Der kluge Esel (Erich Hupfauf) 33
Koexistenz (Erich Hupfauf) 34
Der Geizhals und der Affe (C. Felix Weisse) 35/36
Ein Herr und seine Gans
(L. Rouge nach Erasmus Alberus) 37
Aufklärung (Erich Hupfauf) 39
Aus des Esels Perspektive (Sturm) 40
Der Astrolog 41
Nichts zu verlieren (Pfeffel) 43
Angemessene Erziehung (Lessing) 44
Schweinekinder (Wilhelm Hey) 45
Bewaffneter Friede (Wilhelm Busch) 47

4. Auflage 1977.